LES BLAGUES DE
toto

6. L'as des pitres

Scénario et dessin

Thierry Coppée

Couleur

Lorien

DELCOURT

Mille mercis à ma petite famille pour tout et plus encore.

Aux enfants qui partent trop tôt et aux parents qui s'en vont trop vite.

Dans la même série :
Tome 1 : *L'École des vannes*
Tome 2 : *La Rentrée des crasses*
Tome 3 : *Sous les cahiers, la plage*
Tome 4 : *Tueur à gags*
Tome 5 : *Le Maître blagueur*
Tome 6 : *L'As des pitres*
Tome 7 : *La Classe qui rit*
Tome 8 : *L'élève dépasse le mètre*
Tome 9 : *Le Sot à ski*
Tome 10 : *L'Histoire drôle*

Du même auteur, chez le même éditeur :
- « La Poule aux œufs d'or » dans *La Fontaine aux fables* T. 3 - collectif
- « Ma Forêt » dans *Henri Dès, chansons en BD* - collectif

www.facebook.com/blaguesdetotobd

WWW.LESBLAGUESDETOTO.COM

Dépôt légal : avril 2008. I.S.B.N. : 978-2-7560-1174-5

Lettrage : Ségolenne Ferté
Conception graphique : Trait pour Trait

Loi n° 49-956 du 16 juillet 1949
sur les publications destinées à la jeunesse

Achevé d'imprimer en septembre 2014
sur les presses de l'imprimerie Lesaffre, à Tournai, Belgique

www.editions-delcourt.fr

Rendez-vous manqué

6 SEPTEMBRE.
BZZZ ! BZZZ !

OUI ?
SALUT, TOTO ! C'EST OLIVE ET CAROLE.

SALUT, OLIVE.
TU N'ES PAS VENU À LA FÊTE POUR MON ANNIVERSAIRE ?
...

TU AS QUAND MÊME REÇU MON INVITATION ?
OUI, OUI !

MAIS IL ÉTAIT ÉCRIT DE 13 À 17 !

BEN OUI, ET ALORS ?

ET ALORS ? JE NE POUVAIS PAS Y ALLER ! JE N'AI QUE 8 ANS !

PSSCHHHHH...
BLUP BLUP

MAIS QU'AS-TU FAIT, TOTO ? L'EAU DES PÂTES A DÉBORDÉ. JE T'AVAIS DEMANDÉ DE SURVEILLER L'HORLOGE !

MAIS C'EST CE QUE J'AI FAIT. IL ÉTAIT EXACTEMENT 18 H 32 QUAND L'EAU A DÉBORDÉ DE LA CASSEROLE !
SNIF !

Les galériens à faire

travail de groupe (par 2)
préparation de l'exposé sur un animal
en voie de disparition
gorille, ours polaire, tigre...
D U
1 0

?
-e
-es
-e
-ez
-ent

ZZZZZZ

EH BIEN, VOUS DEUX, ÇA N'AVANCE PAS BEAUCOUP, VOTRE TRAVAIL SUR LE PARESSEUX ?
POUF

ALORS, QU'AS-TU DÉJÀ FAIT, TOTO ?

HEU, RIEN, MADAME !

LA PRÉHISTOIRE
ET YASSINE ?

EH BIEN, IL M'AIDE !

KOF, KOOF !
TOTO, TIENS-TOI BIEN. ON EST CHEZ MAMY.
?
KOFF, KOOFF !
REUH REUHH KOOF !!
TU SAIS, TU DEVRAIS METTRE TA MAIN DEVANT LA BOUCHE QUAND TU TOUSSES.
J'AI DÉJÀ ESSAYÉ, MAMY, MAIS ÇA NE M'EMPÊCHE PAS DE TOUSSER !

C'est des goûts d'encre

Dans le château,
GCP (lieu)
HO !
HOULALA !
MAIS QUE T'EST-IL ARRIVÉ, ARNOLD ?
JE CROIS QUE J'AI AVALÉ DE L'ENCRE EN VOULANT NETTOYER MON STYLO, MADAME !
VITE ALORS, IL FAUT QUE TU TE GROUILLES DE MANGER ÇA !
C'EST QUOI ?
BEN, DU PAPIER BUVARD, BIEN SÛR !

IL N'Y A PLUS DE QUESTIONS ?
JE VOUS LAISSE DONC TRAVAILLER DANS VOTRE FICHIER MATHÉMATIQUE. VOUS AVANCEZ À VOTRE RYTHME. BON TRAVAIL À TOUS !
10 H 30.
10 H 45.
11 H 00.
11 H 10.
11 H 30.
?
TOTO ! ÇA FAIT PLUS D'UNE HEURE QUE TU DEVRAIS ÊTRE AU TRAVAIL !
ON EST SUR TERRE POUR TRAVAILLER, TOTO ! ALORS AU BOULOT !
BAM BAM
MAIS, MADAME, VOUS SAVEZ, PLUS TARD JE SERAI ASTRONAUTE, MOI !

FAITES LA FÊTE AU SPORT
JONAS, JONAS, PASSE ICI !
CRACH
?
TOTO, TU ES DEVENU FOU ! TU NE POUVAIS PAS FAIRE ATTENTION ?!
JE SUIS DÉSOLÉ. JE NE L'AI PAS FAIT EXPRÈS. C'EST UN ACCIDENT !
UN ACCIDENT ! TU VEUX RIRE ? JE T'OBSERVAIS.
C'EST VRAI, MADAME GOSSEIN, C'EST UN ACCIDENT.
JE VOUS JURE, JE NE VOULAIS PAS CASSER MON STICK !

Service d'intérêt général

BRAVO, TOTO, C'EST TRÈS BIEN DE RAMASSER LES PAPIERS SALES DE LA COUR DE RÉCRÉATION ! ET PAR CE TEMPS EN PLUS !
Mlle JOLIBOIS T'A SANS DOUTE PROMIS QUELQUE CHOSE SI TU LE FAISAIS ?
OH NON, MADAME BLANQUETTE ! MAIS MADAME LA DIRECTRICE M'A CERTAINEMENT PROMIS QUELQUE CHOSE SI JE NE LE FAISAIS PAS !

Queue nenni !

?
MIAÏOUUU !
MIAÏOUUU !

MIAÏÏÏOUUU
MIAÏÏÏOU !

MAIS ?
MIAÏOUUU MIAÏÏÏOUUU !!

VEUX-TU BIEN CESSER DE TIRER SUR LA QUEUE DE MON CHAT COMME ÇA ?

MAIS JE FAIS RIEN, MONSIEUR. C'EST LUI QUI TIRE !

Le portier

REGARDE ÇA, NINIE. TOTO A ENCORE OUVERT CETTE PORTE AVEC LES MAINS PLEINES DE BOUE !

TOTO ! VIENS ICI TOUT DE SUITE !

TU M'AS APPELÉ, MAMAN ? QU'EST-CE QU'IL Y A ?

IL Y A QUE J'EN AI MARRE QUE TU OUVRES LA PORTE QUAND TU AS LES MAINS SALES !

D'ACCORD, MAMAN, JE VAIS FAIRE ATTENTION.

PLUS TARD.
VLAM
?

TU VOIS, JE FAIS ATTENTION MAINTENANT !!

Parole ténue

TOTO, TOTO ! VIENS ICI TOUT DE SUITE !
?

TU SAIS QUE TU N'ES QU'UN SALE MENTEUR !!
QUI ? MOI ? ET POURQUOI ?

PARCE QUE, HIER, TU M'AVAIS DONNÉ TA PAROLE ET TU NE L'AS PAS TENUE !

MAIS ENFIN, JONAS, JE NE POUVAIS PAS LA TENIR PUISQUE JE TE L'AVAIS DÉJÀ DONNÉE !

Le verre sot

HÉ, TOTO, TU SURVEILLES MA PLACE. JE DOIS ABSOLUMENT ALLER AUX TOILETTES !
T'INQUIÈTE, YASSINE. TU PEUX Y ALLER À L'AISE.

FRUITS
FAIS GAFFE QUAND MÊME À CE QUE PERSONNE NE BOIVE DANS MON VERRE.

FRUITS
NE TE TRACASSE PAS POUR ÇA. J'AI UN TRUC SUPER-EFFICACE !
AH BON ? ET LEQUEL ?

FRUITS
REGARDE BIEN !
TU PEUX MÊME PRENDRE DES NOTES.

FRUITS
RHAAAGLAR

FRUITS
PFOUIIIITT

ET VOILÀ ! ET JE TE GARANTIS QUE PERSONNE NE TOUCHERA À TON VERRE !
ÇA, J'EN SUIS SÛR. MÊME MOI, JE N'Y TOUCHERAI PLUS.

Le plus beau métier du monde

IL A DE LA CHANCE, LE PÈRE NOËL, DE PASSER DANS CHAQUE MAISON POUR DISTRIBUER LES CADEAUX.

TU SAIS, TOTO, TU POURRAIS AUSSI UN JOUR AVOIR CETTE CHANCE !
AH OUI ? COMMENT ?

TU POURRAIS DEVENIR FACTEUR ET TU PASSERAIS ALORS CHEZ LES GENS POUR LEUR DISTRIBUER LE COURRIER.

NON ! MOI, JE PRÉFÈRE REMPLACER LE PÈRE NOËL.
ET POURQUOI ?

BEN, LUI, IL NE FAIT QU'UNE TOURNÉE PAR AN !
?
NÉON

Compte-âge

VOILÀ, TOTO, C'EST POUR TES ÉTRENNES.
MERCI, BONNE-MAMAN.
TU PARTAGERAS CES DIX EUROS AVEC TA SŒUR NINIE. D'ACCORD ?
D'ACCORD.
COMBIEN LUI DONNERAS-TU ALORS ?
BEN, JE LUI DONNERAI DEUX EUROS.
MAIS ENFIN, MON GARÇON, TU NE SAIS PLUS COMPTER ?
?
MOI, OUI, MAIS NINIE, PAS DU TOUT !

REGARDEZ QUI VOILÀ ! C'EST IGOR QUI NOUS REVIENT.

EH BIEN, TU N'ES PAS VENU À L'ÉCOLE HIER ?
NON, J'ÉTAIS MALADE.

EN M'ENDORMANT LA VEILLE, J'AVAIS UNE FIÈVRE DE CHEVAL, ET TOUTE LA NUIT J'AI ÉTÉ MALADE COMME UN CHIEN.

LE MATIN, EN ME RÉVEILLANT, J'AVAIS UN CHAT DANS LA GORGE. MA MÈRE A DONC PRÉFÉRÉ M'ENVOYER CHEZ LE DOCTEUR.

DIS, IGOR, C'EST PAS CHEZ LE DOCTEUR QUE TU DEVAIS ALLER, MAIS CHEZ UN VÉTÉRINAIRE.

Le diagnostoqué

ALORS, DOCTEUR, C'EST UNE BONNE OU UNE MAUVAISE MALADIE ?
HULK

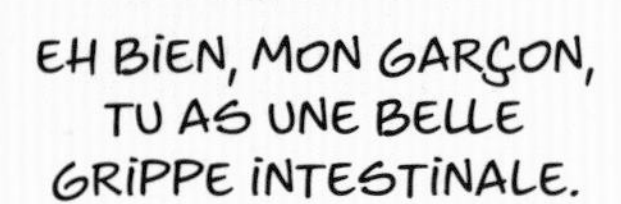
EH BIEN, MON GARÇON, TU AS UNE BELLE GRIPPE INTESTINALE.

IL EST PRÉFÉRABLE QU'IL RESTE À LA MAISON PENDANT DEUX JOURS.
HULK

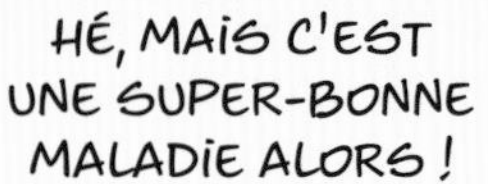
HÉ, MAIS C'EST UNE SUPER-BONNE MALADIE ALORS !

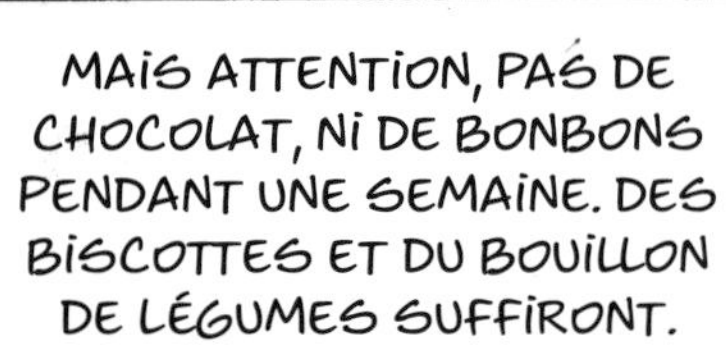
MAIS ATTENTION, PAS DE CHOCOLAT, NI DE BONBONS PENDANT UNE SEMAINE. DES BISCOTTES ET DU BOUILLON DE LÉGUMES SUFFIRONT.

JE LE SAVAIS. C'EST UNE SUPER-MAUVAISE MALADIE !
WAMPIS

Temps qu'ça passe

MERCI D'AVOIR GARDÉ LES ENFANTS, MADAME BLANQUETTE. MAIS LEUR MAÎTRESSE ARRIVERA EN RETARD, JE VAIS DONC LA REMPLACER CE MATIN.
les noms
un chien
la course
sa niche
des os

VOYONS CE QUI ÉTAIT PRÉVU AUJOURD'HUI... DE LA CONJUGAISON !
C'EST PARFAIT, J'AI TOUJOURS AIMÉ LA CONJUGAISON.

ALORS, COMMENÇONS TOUT DE SUITE.
Je su

DONC SI JE VOUS DIS : « JE SUIS BELLE ». QUEL TEMPS EST-CE ?
Je suis belle

ÇA, C'EST DU PASSÉ, MADAME !
[er]
-e -ons
-es -ez
-e -ent

BOUUIIIN OUIIIN !
?

BOUUIIIN OUIIIN OUIIIN !

OOOUIIIINNN !

MAIS ENFIN, TOTO, TU N'ENTENDS PAS TA SŒUR HURLER ? QU'ATTENDS-TU POUR LA SORTIR DE SON BAIN ?
OUIIIN !

T'ES FOLLE, MAMAN, L'EAU EST BIEN TROP CHAUDE !
CHO ! CHO !

L'apprenti sage

8 H 30.
9 H 00.
9 H 30.
10 H 00.
DRIIINNG
10 H 30.
11 H 00.
11 H 30.
12 H 00.
DRIIINNG
13 H 30.
14 H 00.
14 H 30.
ZZZZ
15 H 00.
15 H 30.
DRIIINNG
15 H 31.
DITES, MADAME JOLIBOIS, VOUS VOULEZ BIEN ME DIRE CE QU'ON A APPRIS AUJOURD'HUI, CAR MAMAN ME LE DEMANDE TOUS LES SOIRS.

C'est dans l'heure du temps

DIS, MAMY, TU PEUX ME DIRE L'HEURE QU'IL EST ? JE CROIS QU'IL Y A DES DESSINS ANIMÉS À LA TÉLÉ !
BIEN SÛR, TOTO !

EH BIEN, DANS DIX MINUTES, IL SERA 15 H 00.

QU'Y A-T-IL, TOTO ? POURQUOI ME REGARDES-TU COMME CELA ?

MAIS MAMY, JE T'AI DEMANDÉ L'HEURE QU'IL EST MAINTENANT, PAS L'HEURE QU'IL SERA DANS DIX MINUTES !

La mise au point de vue

BON, TOTO, IL EST TEMPS DE TE METTRE AU TRAVAIL !
TES RÉSULTATS SONT CATASTROPHIQUES ! TU COLLECTIONNES LES ZÉROS DE FAÇON IMPRESSIONNANTE.
ET JE NE TE PARLE PAS DE TON ATTITUDE EN CLASSE QUI, ELLE, EST DÉPLORABLE !

TU SAIS, MON GARÇON, QUE SI TU CONTINUES COMME ÇA IL VA FALLOIR **CHANGER D'ÉCOLE** !! C'EST ÇA QUE TU VEUX ?

HUM, HUM !

JE N'IRAIS PAS JUSQUE-LÀ, MADAME LA DIRECTRICE. CHANGER DE MAÎTRESSE, À MON AVIS, SUFFIRA !

La part à pizza

CHOUETTE, CHOUETTE, DES PIZZAS, J'ADORE ÇA !

DIS, TOTO, TU VEUX QUE JE COUPE TA PIZZA EN QUATRE OU EN SIX MORCEAUX ?

COUPE-LA DONC EN QUATRE.
J'AI PAS TRÈS FAIM AUJOURD'HUI !

L'as de l'addition

PAS FACILE, CE CONTRÔLE DE MATH, IGOR ?
TU VEUX RIRE, YASSINE ! C'ÉTAIT SUPER-FASTOCHE !

IL N'Y A RIEN À FAIRE. MOI, LES MATHS, ÇA M'A TOUJOURS POSÉ PROBLÈME !
ET TOI, TOTO, TU NE DIS RIEN. ÇA N'A PAS ÉTÉ ?

NE M'EN PARLE PAS, OLIVE. JE VAIS CERTAINEMENT ME PRENDRE UN ZÉRO.
TU EN ES SÛR ?

OH OUI, AUSSI SÛR QUE DEUX ET DEUX FONT CINQ !
?

?
FRUITS
frais !
TOTO, QU'EST-CE QUE TU FAIS ? TU COMMENCES TON REPAS PAR TON DESSERT ?
GLOUPS !
BEN OUI, ET APRÈS JE MANGERAI MON POULET ET MA COMPOTE.
MAIS TU FAIS TOUT À L'ENVERS, MA PAROLE !
FRUITS
frais !
JE SAIS, MADAME BLANQUETTE, C'EST PAS MA FAUTE. MAIS AUJOURD'HUI J'AI L'ESTOMAC TOUT RETOURNÉ.
SNIF !
MIAM
Les amis !

Ça tourne autour du pot

QU'EST-CE QUE TU FAIS ICI, BON-PAPA ?
JE SOIGNE MES PLANTES, TOTO.

POURQUOI IL Y A DES PETITES BOULES ROSES AUTOUR DE LA PLANTE, LÀ ?

C'EST DE L'ENGRAIS, TOTO. ÇA PERMET AUX PLANTES D'ÊTRE PLUS FORTES, DE RESTER EN BONNE SANTÉ.

ET POURQUOI CETTE PLANTE EST ATTACHÉE À CE PIQUET ? TU AS PEUR QU'ELLE PARTE ?

J'AI ATTACHÉ CETTE PLANTE À UN TUTEUR POUR L'AIDER À POUSSER DE FAÇON BIEN DROITE. ELLE ÉTAIT TROP FAIBLE, ELLE RISQUAIT DE TOMBER ET DE SE CASSER.

ET POURQUOI IL Y A DES TROUS AU FOND DE TES POTS DE FLEURS ?

MAIS JE SAIS, C'EST POUR PRENDRE LA TEMPÉRATURE DES PLANTES QUAND ELLES SONT MALADES !

Pris à tout prix

CHERS PARENTS, JE VOUS REMERCIE D'ÊTRE VENUS SI NOMBREUX POUR ASSISTER À CETTE REMISE DE PRIX.
À LA FIN DE CHAQUE ANNÉE SCOLAIRE, CERTAINS ENFANTS REÇOIVENT UN PRIX POUR LES FÉLICITER DE LEUR TRAVAIL OU DE LEUR COMPORTEMENT PENDANT CES DIX DERNIERS MOIS.

IGOR, VOICI LE PRIX DE L'EXCELLENCE POUR TON EXCELLENT TRAVAIL.

OLIVE, TU MÉRITES LE PRIX DE LA POLITESSE POUR TON ATTITUDE TOUJOURS POLIE AVEC LES AUTRES.
MERCI, MADAME !

YASSINE, BRAVO ! TU AS ÉTÉ COURAGEUX FACE À TON TRAVAIL CETTE ANNÉE ! VOICI DONC LE PRIX DU COURAGE !

CECI TERMINE CETTE REMISE DE PRIX. JE VOUS SOUHAITE À TOUS DE BONNES VACANCES D'ÉTÉ.
ET MOI, MADAME, J'AI PAS DE PRIX ?

MAIS, TOTO, TU T'ES OBSTINÉ À NE PAS TRAVAILLER CETTE ANNÉE !

D'ACCORD. MAIS VOUS POURRIEZ ME DONNER LE PRIX DE L'OBSTINATION ALORS !

Le meilleur et le rire

ZZZZZZZZZZZZZZZZ
MMMMMH, MMMMMH !
MAIS C'EST PAS POSSIBLE !
ZÉRO, ZÉRO ET ENCORE DES ZÉROS !!
EH BIEN, TOTO, QUE PEUX-TU ME DIRE FACE À CE BULLETIN, COMMENT DIRE, ASSEZ MAUVAIS ?
JE DOIS BIEN AVOUER, PAPA, QUE CE N'EST PAS LE MEILLEUR BULLETIN DE LA CLASSE, LOIN DE LÀ !
MAIS, TOI, AS-TU LE MEILLEUR SALAIRE DE TON BUREAU ?
COPPÉE 09/07.

Ma thématique de l'amour

AH... ENFIN LES VACANCES !
PAS POUR TOUT LE MONDE. TU AS VU CES TRAVAILLEURS QUI VONT DANS L'ÉCOLE ?
MA MÈRE M'A DIT QU'ILS VONT TRANSFORMER LA COUR DE RÉCRÉ PENDANT NOS CONGÉS.
CIMENT
ALORS, TOTO, ON NE SE VERRA PLUS PENDANT DEUX MOIS ?
T'INQUIÈTE, OLIVE, ÇA PASSERA VITE.
ENFIN, PAS TROP VITE, J'ESPÈRE. C'EST QUAND MÊME LES VACANCES !
ET TU M'AIMERAS ENCORE EN SEPTEMBRE ?
OUI, NORMALEMENT !
COMMENT ÇA « NORMALEMENT » ?
BEN OUI, L'AMOUR, ON NE SAIT PAS COMBIEN DE TEMPS ÇA DURE.
REGARDE MES PARENTS. AU DÉBUT C'ÉTAIT LE GRAND AMOUR, ET APRÈS AVOIR EU DEUX ENFANTS, ILS ONT DIVORCÉ.
ET MAINTENANT, MA MÈRE EST AMOUREUSE DE FABRICE ET MON PÈRE EST AMOUREUX DE SA COPINE CLAIRE !
ALORS, PEUT-ÊTRE QUE DANS DEUX MOIS JE NE SERAI PLUS AMOUREUX.
MOI, MA MAMY, ELLE M'A DIT « POUR QUE L'AMOUR DURE TOUJOURS, IL FAUT AIMER SANS COMPTER ! »
EH BEN, ÇA TOMBE BIEN !
J'AI TOUJOURS ÉTÉ NUL EN CALCUL !

Ne ramène pas ta fraise

WOUAAWW... REGARDEZ-MOI CES FRAISES ! ELLES SONT MAGNIFIQUES !
?

DITES-MOI, CHER MONSIEUR, QUE METTEZ-VOUS SUR VOS FRAISES POUR QU'ELLES SOIENT SI BELLES ?
SUR MES FRAISES ?
EH BIEN, JE METS LE FUMIER DE MES VACHES !

MAIS C'EST DÉGUEU, PAPA. **ON MET DU SUCRE, D'HABITUDE !!**

Pêche frauduleuse

ALORS, TOTO, ÇA MORD ? COMBIEN DE POISSONS AS-TU DÉJÀ PRIS ?

SI JE COMPTE CELUI QUI TOURNE AUTOUR DE MA LIGNE...

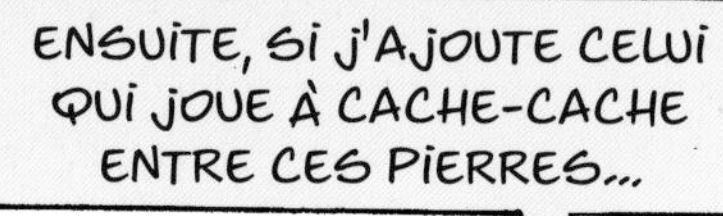
ENSUITE, SI J'AJOUTE CELUI QUI JOUE À CACHE-CACHE ENTRE CES PIERRES...

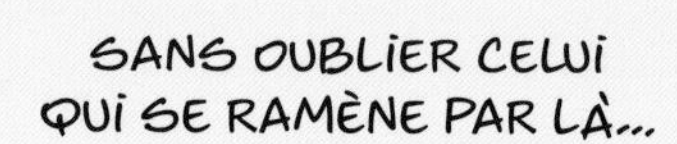
SANS OUBLIER CELUI QUI SE RAMÈNE PAR LÀ...

BEN, ÇA M'EN FERA TROIS !
PAS MAL, HEIN ?

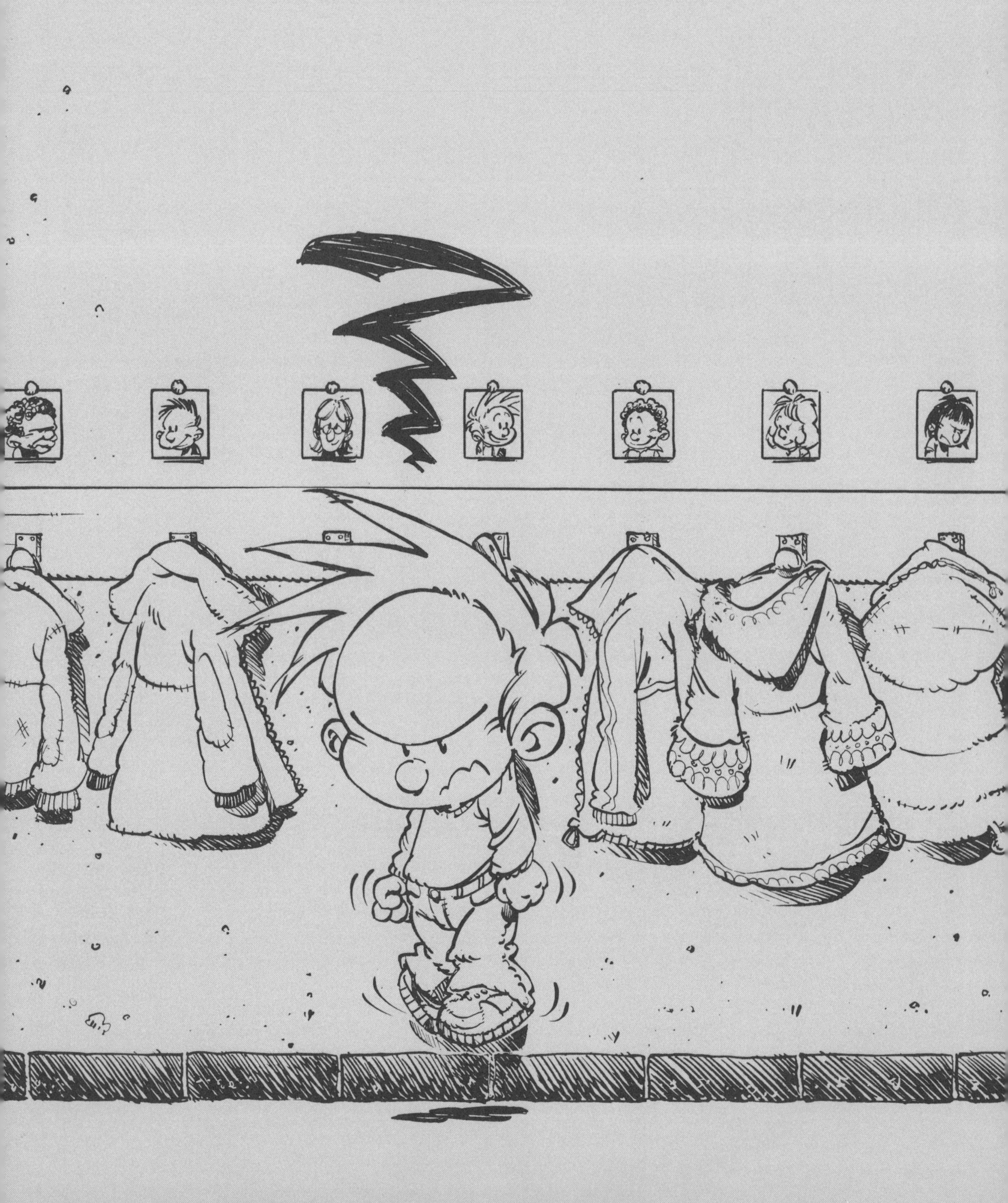